Einsterns Schwester 1·2

Schreiblehrgang

Grundschrift flüssig schreiben

illustriert von

Hendrik Kranenberg

Yo Rühmer

Cornelsen

Einsterns Schwester 1·2

Schreiblehrgang

Grundschrift flüssig schreiben

- schreiben (mit Schwung)
- ankreuzen
- verbinden
- schreiben und die schönsten Buchstaben und Verbindungen einkreisen
- Verbindungen untersuchen / übor Sohroibvorcuoho cprochon
- in ein Heft schreiben
- Wahlaufgabe
- Schriftbild einschätzen

Spure die Buchstaben und Wörter nach. Vieles kannst du so oder so schreiben. Probiere aus, wie es für dich am besten passt.

Stall Stall
Stall Stall

E Ɛ

Grundsätzliches zur Grundschrift
Lesen- und Schreibenlernen sind eng miteinander verbundene Prozesse. Daher ist es für das Lernen hilfreich, wenn die Schriften zum Lesen- und Schreibenlernen nah verwandt sind.
Die Grundschrift ist die Schreibschrift, die der Druckschrift besonders ähnelt. Sie bietet Bewegungsabläufe an, die für das schwungvolle und flüssige Schreiben nützlich sind. Um die Verbindung zum nächsten Buchstaben zu begünstigen, erhalten Kleinbuchstaben, die mit einem Abstrich enden (a, d, h, i, k, m, n und u), einen Wendebogen bzw. Schwungbogen.
Nachdem die Kinder bereits zuvor die Druckschrift oder Grundschrift (ohne Verbindungen) gelernt haben, üben sie in diesem Heft sowohl die Grundschrift-Buchstaben als auch verschiedene Buchstabenverbindungen.

Wichtig: Bei der Grundschrift müssen nicht alle Buchstaben im Wort miteinander verbunden werden. So sind die im Heft aufgeführten Buchstabenverbindungen und Wörter als ein Angebot zu verstehen, das zum Ausprobieren einlädt und Varianten der Kinder auf ihrem Weg zur individuellen Handschrift zulässt. Auch die Schrift eines Erwachsenen weist innerhalb eines Wortes Lücken auf und hat viele individuelle Merkmale.

Einteilung in Bewegungsgruppen
In Anlehnung an die vom Grundschulverband entwickelte Grundschrift sind die Buchstabenverbindungen in diesem Heft nach gleichen Bewegungsabläufen gegliedert und in Bewegungsgruppen mit formähnlichen Buchstaben zusammengefasst. Das Üben der einzelnen Buchstabenverbindungen erfolgt zunächst durch (ggf. mehrmaliges) Nachspuren.

Lineaturen
Die Lineaturen mit einem gelb hinterlegten Mittelband geben den Kindern Orientierung bei der Einteilung der Buchstabenproportionen. Das Üben der Buchstabenverbindungen erfolgt zunächst ohne Lineatur, später auf der Grundlinie und dann in der Lineatur. Für Linkshänder erscheinen die Wörter noch einmal am rechten Zeilenrand.
Da im Schreiblehrgang nur ein begrenzter Platz für die Schwünge zur Verfügung steht, empfiehlt es sich grundsätzlich, im Vorfeld zu jeder Buchstabenverbindung großmotorische Übungen an der Tafel, auf Tapetenrollen und auf anderem großem unliniertem Papier mit verschiedenen Schreibgeräten durchzuführen. Dies gilt insbesondere für anspruchsvollere Buchstabenverbindungen und Formvarianten.

Reflexion des eigenen Schreiblernprozesses
Im Schreiblehrgang werden die Kinder mithilfe des Symbols „Lupe“ dazu angeregt, das Absetzen und Verbinden der jeweiligen Buchstabenverbindung zu untersuchen und sich mit einem oder ggf. auch mehreren Partnerkindern selbstkritisch über eigene Schreibergebnisse auszutauschen.

In regelmäßigen **Schriftgesprächen** (z. B. im Klassenkreis oder in Zweier- bzw. Dreiergruppen) können die Kinder dazu angeleitet werden, ihre Schriftproben nach folgenden Kriterien zu beurteilen:

- Formklarheit:
  Sind alle Buchstaben gut zu erkennen?
- Geläufigkeit:
  Was kann ich mit Schwung schreiben?
- Lesbarkeit:
  Ist der Text gut zu lesen?

Über ein einfaches Bewertungssystem mit drei Smileys haben die Kinder jeweils am Ende einer Seite die Möglichkeit, ihr Schriftbild zu beurteilen. Darüber hinaus werden sie dazu angeregt, besonders gelungene Buchstabenverbindungen einzukreisen.

Üben und ausprobieren
Auf mehreren Seiten des Lehrgangs (Üben und ausprobieren / Buchstabenverbindungen vertiefen) werden den Kindern wiederkehrende Übungsmöglichkeiten angeboten, um vielfältige Verbindungen auszuprobieren.

Wörterliste: „Lolas Wortschatz“
Die Wörterliste am Ende des Schreiblehrgangs ermöglicht es, passende Wörter zu den einzelnen Buchstabenverbindungen zu finden und diese nochmals variantenreich zu üben.

Schreiben und gestalten
Ergänzend wecken weiterführende Anregungen zum Gestalten mit Schrift die Schreibfreude der Kinder.

Mit verschiedenen Stiften schreiben

Schreibe mit verschiedenen Stiften deinen Namen.

○ Bleistift

○ Füller

○ Buntstift

○ Kugelschreiber

○ Filzstift

○ ______

Mit welchem Stift schreibst du am liebsten? Kreuze an.

Hier ist Platz für eine schöne Schriftprobe von einem Kind in deiner Klasse.

Vorübungen

Druckschrift und Grundschrift sind sich ähnlich. Was fällt dir auf?

Druckschrift	Grundschrift
i	i
u	u
n	n
m	m

i i i

i i

u u u

u u

n n n

n n

m m m

m m

Finde Wörter zu den Buchstaben. Schreibe sie mit Schwungbogen.

malen,

Buchstaben mit Schwungbogen

Auch diese Buchstaben sind sich ähnlich. Was fällt dir auf?

h h h

k k k

a a a

d d d

Finde Wörter zu den Buchstaben. Schreibe sie mit Schwungbogen.

A a B b C c D d E e

F f G g H h I i J j K k

L l M m N n O o P p

Qu qu R r S s T t U u

V v W w X x Y y Z z

Au au Ei ei Eu eu

Ä ä Ö ö Ü ü Äu äu

Ch ch Sch sch ie

Sp sp St st ck Pf pf

tz chs nk ng ß

Übe schwierige Buchstaben von Seite 8 in verschiedenen Größen.

le le

le le le

le le le

le le

malen malen

Schule Schule

ie ie

ie ie ie

ie ie ie

ie ie

Wiese Wiese

Tiere Tiere

le ie

Meine Schrift ☺ 😐 ☹

te te

te te te

te te te

te te

heute heute

Tante Tante

he he

he he he

he he he

he he

hell hell

Zehe Zehe

te he

ne ne

ne ne ne

ne ne ne

ne ne

nein nein

Tonne Tonne

me me

me me me

me me me

me me

Name Name

messen messen

ne me

Meine Schrift ☺ 😐 ☹

le ie te he ne me de

Hier lernen heute alle lesen.

Eine Biene liebt bunte Blumen.

Viele Leute warten in der Sonne.

Schreibe die Wörter.

sieben

Brief

helfen

Tomate

testen

Note

kommen

Telefon

Schreibe mit jedem Wort einen Satz.

ei ei

ei ei ei

ei ei ei

ei ei

leise leise

Seife Seife

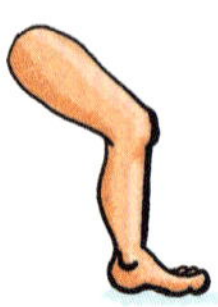

eu eu

eu eu eu

eu eu eu

eu eu

neu neu

Freunde Freunde

ei eu

Meine Schrift ☺ 😐 ☹

li li

li li li

li li li

li li

lieb lieb

links links

blinken blinken

lu lu

lu lu lu

lu lu lu

lu lu

Bluse Bluse

blühen blühen

li lu

au au

au au au

au au au

au au

 Baum Baum

 laufen laufen

du du

du du du

du du du

du du

dunkel dunkel

dünn dünn

dumm dumm

au du

Meine Schrift ☺ 😐 ☹

il il

il il

il il

il il

il il

lila lila

Milch Milch

el el

el el

el el

el el

el el

gelb gelb

Pinsel Pinsel

il el

Probiere auch das andere il und el auf Seite 29 aus.

Meine Schrift ☺ 😐 ☹

ei eu

li lu ti tu

au di du

il el

ein dicker fauler Apfel

neun liebe kleine Mäuse

zwei dunkle Scheunen

Schreibe die Wörter.

ein teures Kleid

zwei lustige Kamele

ein blauer Himmel

ein neuer Film

Suche Wörter mit ei, eu und au in der Liste ab Seite 46.

Meine Schrift ☺ 😐 ☹

in in in in in

im im im im im

in im in im

hinter hinter

mein mein

immer immer

un un un un un

um um um um um

un um un um

tun tun

Stunde Stunde

in un

en en

en en en

en en en

en en

bleiben bleiben

finden finden

reden reden

an an

am am

an an an

am am am

an am an am

Mantel Mantel

antworten antworten

en an

Meine Schrift ☺ 😐 ☹

in ... mm

in im | un um | en an am | nn mm

Timo findet einen jungen Hund.

Bananen sind gelb und krumm. 

Wir können schwimmen gehen.

Verbinde und schreibe.

Ton	ne		Tonne		
Tan					
Spin	ne				
Son					
Hän	de				
Hun					

Suche Wörter mit en, an und mm in der Liste ab Seite 46.

Meine Schrift ☺ 😐 ☹

er er er

er er er

er er

Bruder Bruder

Vater Vater

ar ar ar

ar ar ar

ar ar

warm warm

warten warten

hart hart

er ar

Meine Schrift ☺ 😐 ☹

ir ir

ir ir ir

ir ir ir

ir ir

dir dir

Zirkus Zirkus

ur ur

ur ur ur

ur ur ur

ur ur

Wurzel Wurzel

Wurst Wurst

 ir ur

er … ur

er ar dr tr

ir ur

di de da

Wir arbeiten drei Tage im Garten.

Lars hat Durst. Er trinkt Wasser.

Katrin darf auf dem Pferd turnen.

Schreibe die Wörter.

Herz Feuer Tiger Finger Feder Wurst

Schreibe mit jedem Wort einen Satz.

Meine Schrift

ch ch

ch ch ch

ch ch ch

ch ch

ich ich

leicht leicht

ck ck

ck ck ck

ck ck ck

ck ck

dick dick

backen backen

ch ck

nk nk

nk nk nk

nk nk nk

nk nk

trinken trinken

denken denken

ng ng

ng ng ng

ng ng ng

ng ng

Junge Junge

bringen bringen

nk ng

Meine Schrift

ch sch ck nk ng

nicht frisch

mich schnell

durch Tisch

Schreibe die Reimwörter auf.

Bank Dach Block

Schr Fa

Da Kra

Wie schreibst du? Probiere es aus.

Onkel Nick angelt dicke Fische aus dem Teich.

Die Schlange schlängelt sich über die schöne Decke durch das Gras.

l l

l l

l l

helfen helfen

wollen wollen

g g

g g

g g

gut gut

geben geben

l g

Meine Schrift

il ... gen

il el ll

ge ga gu gi

gel gen

Till will einen Vogel fangen.

Im August gehen wir gern baden.

Inga will im Regen singen.

Schreibe die Wörter.

Ampel Ball Auge Vogel Pilz Igel

Suche Wörter mit el, ll und gen in der Liste ab Seite 46.

j j

j j

j j

j j

jeder jeder

jucken jucken

jubeln jubeln

k k

k k

k k

k k

Paket Paket

krank krank

j k

Meine Schrift ☺ 😐 ☹

V ʋ

V V V

ʋ ʋ ʋ

ʋ ʋ

vor vor

viel viel

voll voll

W w

W W W

w w w

w w

wie wie

werden werden

wohnen wohnen

v w

v … we

v va vi ve vo

w wo wa wi wu we

Eva versteckt sich vor der Katze.

Der, die, das – wer, wie, was,

wieso, weshalb, warum?

Schreibe sechs Wörter mit ver und vor.

vor ver laufen fahren lesen

Bilde Wörter mit ver und vor: bringen, spielen, rechnen, geben.

Meine Schrift

E Ɛ

E E E

Ɛ Ɛ Ɛ

Ɛ Ɛ

Ende Ende

Eltern Eltern

Ei Ɛi

Ei Ei Ei

Ɛi Ɛi Ɛi

Ɛi Ɛi

Eier Eier

Eimer Eimer

Ɛ Ɛi

Eu Eu

Eu Eu Eu

Eu Eu Eu

Eu Eu

Euro Euro

Euter Euter

G G

G G G

G G G

G G

Garten Garten

Gras Gras

Eu G

Meine Schrift ☺ 😐 ☹

E … Gi

E Ei Eu

G Ge Ga Gu Gi

Eine Eisenbahn fährt nach Genf.

Gärtner Gustav gräbt im Garten.

Schreibe die Wörter.

Gespenst Gabel Eimer Gurke

Gina schreibt einen Gruß.

Elf Eulen heulen laut.

Meine Schrift ☺ 😐 ☹

Buchstabenverbindungen

ll mm tt

Probiere aus!

ll ll Stall Stall Stall Stall

mm mm Stamm Stamm Stamm Stamm

tt tt nett nett nett

Schreibe die Reimwörter auf.

Stall → Kn → F →

Stamm → Schw → L →

nett → fe → Br →

Schreibe die Wörter.

ein toller Füller

ein netter Mann

ein wichtiger Zettel

ein alter Stall

alle, fallen, füllen, hell, sollen, rollen, stellen,
schnell, wollen, Himmel, Sommer, Sonne, Pfanne,
Donner, Mutter, still, Blatt, Wetter, bitten

Meine Schrift ☺ 😐 ☹

ß ße uß

ß

Schreibe die Reimwörter auf.

Gruß Floß groß fließen Fuß gießen

Wie schreibst du? Probiere es aus.

Meine Schwester schreibt mir einen Gruß.

Ich stehe auf einem 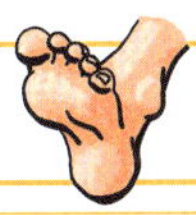 .

Opa hat ein großes  .

Suche Wörter mit ß in der Liste ab Seite 46 und schreibe sie auf.

j g p qu ß G

j j g g p qu ß G

Wie schreibst du? Probiere es aus.

jagen jagen jagen

jaulen jaulen jaulen

quatschen quatschen

Gießkanne Gießkanne

jubeln, jodeln, jetzt, Kajak, pflanzen, plappern, hüpfen, quieken, quietschen, quaken, quer, gegen, gut, grün, gesund, Gras, Gemüse, groß, heißen, beißen, weiß, süß, Straße

Meine Schrift

ah eh uh | ak nk ck

ah ah
nah nah
nah

eh eh
mehr mehr
mehr

uh uh
Stuhl

Zahn Hahn

drehen gehen

Ruhe Truhe

Jedes Jahr im Frühling fahren wir mit der Bahn zu Opa.

ak ak
Paket
Paket Paket

nk nk
dunkel
dunkel

ck ck
zurück
zurück

Haken Laken

denken schenken

dick Blick

Zahme Ziegen zanken um zehn Pakete.

Meine Schrift ☺ 😐 ☹

ben gen

ben ben gen gen

Er lebt gehört zu leben. Also mit b.

Verbinde und schreibe.

le	ben	leben	er lebt
schrei			er
lie			sie
he			sie

Er fliegt gehört zu fliegen. Also mit g.

flie	gen	fliegen	er
wie			er
lie			sie
sa			sie

fragen, fangen, geben, siegen, zeigen, tragen,
pflegen, bringen, singen, bleiben, legen,
üben, sieben, kleben, haben, morgen, Regen

Meine Schrift ☺ 😐 ☹

Buchstabenverbindungen

de der ge

Aus einem mach viele!

Kind Kleid Pferd Berg Hand Zwerg

Berg gehört zu Berge. Also mit g.

Schreibe die Wörter so auf: die Wand – die Wände, …

Wand, Bild, Kleid, Hemd, Hund, Mund,
Wind, Feld, Schild, Strand, Tag,
Weg, Burg

Meine Schrift ☺ 😐 ☹

chen chen chen

schen schen schen

ck ck ck

Verbinde und schreibe.

su
brau
rie
ma

chen

wün
mi
wa
lö

schen

Wie schreibst du? Probiere es aus.

Dicke Schnecken kriechen mit ihrem Häuschen durch die Hecken.

Im Märchen wünschen sich viele Menschen ein glückliches Leben.

Meine Schrift

Mal langsam, mal schnell

Zehn Kinder laufen munter,

trippel, trappel, die Treppe hinunter.

Schreibe den Satz erst langsam wie eine , dann schnell wie ein .

Wie ist deine Schrift? Male an.

Wie gut ist deine Schrift zu lesen?	☺ 😐 ☹	☺ 😐 ☹
Sind alle Buchstaben gut zu erkennen?	☺ 😐 ☹	☺ 😐 ☹
Wie locker ist deine Hand beim Schreiben?	☺ 😐 ☹	☺ 😐 ☹

Diese Wörter schreibe ich am besten mit Schwung:

Schreibe die Texte in Grundschrift ab.

Oma kommt

Oma Maria ist da. Sie malt mit Lisa ein großes Bild. Dann essen die beiden Nudeln mit Salat.

☆ Nun gibt es für jeden einen Apfel.

In der Schule

Julian geht gerne in die Schule. Er will lesen, schreiben und rechnen lernen. Viele Kinder in seiner Klasse singen im Chor.

☆ Julian turnt am liebsten mit dem Seil.

Im Zirkus

Emil sitzt mit Clara im Zirkus. Zuerst spricht der Clown Paule. Dann kommt ein Zauberer. Jetzt kommt ein Affe.

☆ Er sieht lustig aus!

Maras Geburtstag

Mara hat heute Geburtstag. Sie feiert mit ihren Freunden im Garten. Die Kinder trinken Saft und essen Kuchen. Dann spielen sie mit dem Ball.

☆ Am Abend bringt Maras Mutter alle nach Hause.

Wer bin ich?

Im Herbst verstecke ich Nüsse. Im Winter schlafe ich im Kobel. Manchmal werde ich wach. Dann suche ich Nüsse.

☆ Mit etwas Glück sieht man mich im Wald oder Park.

Am See

Ole und Anni fahren an den See. Im Wasser schwimmen die beiden um die Wette. Anni freut sich. Sie ist schneller als Ole und wartet auf ihn im Gras.

☆ Dort macht sie es sich auf einer roten Decke bequem.

Schreibe einen der Sprüche in deiner schönsten Schrift ab.
Male dazu.

Freunde sind wie Sterne.
Du kannst sie zwar
nicht immer sehen,
aber sie sind immer
für dich da.

Warte nicht auf große Wunder,
sonst verpasst du viele kleine.

Das Lächeln,
das du aussendest,
kehrt zu dir zurück.

Lolas Wortschatz

A a

der Affe, aber, acht, alle, als, also, alt, am

aber
acht
der Affe
alle
als
also
alt
am
die Ameise
die Ampel
die Amsel
an
antworten
der Apfel, die Äpfel
der April
arbeiten
der Ast
auf
die Aufgabe
das Auge
aus
das Auto
die Axt

B b

das Baby
backen
der Bäcker
baden
der Ball
die Bank
der Bauch
der Baum, die Bäume
bei
bezahlen
die Biene
das Bild
die Birne
bis
blau
bleiben
blühen
die Blume
die Blüte
böse
brauchen
braun
der Brief
bringen
das Brot
der Bruder
das Buch
bunt
der Bus

C c

der Cent
der Clown
der Comic
der Computer

D d

da
danken
das
die Decke
denken
der
des
dick
die
doch
die Dose
drei
du
dunkel
durch

E e

das Ei
ein, eine
eins
das Eis
der Elefant
elf
das Ende
eng
die Ente
er
es
der Esel
essen
die Eule
der Euro

F f

fahren
fangen
die Feder
fein
das Fenster
finden
der Finger
fragen
die Frau
freuen
der Freund
frisch
der Frühling
der Füller
fünf
für
der Fuß

G g

die Gabel
der Garten
geben
gehen
gelb
das Geld
das Gemüse
das Gesicht
gesund
das Gras
groß
grün
die Gurke
gut

H h

die Haare
haben
der Hai

der Hals
die Hand
das Handy
der Hase
das Haus, die Häuser
die Hecke
heiß
heißen
helfen
heute
die Hexe
der Himmel
holen
hören
die Hose
der Hund

I i

ich
der Igel
im
in
ist

J j

ja
das Jahr
der Junge

K k

der Käfer
der Kalender
kalt
kann
kaputt
der Käse
die Katze
die Kerze
das Kind
das Kino
die Kiste
die Klasse
das Kleid
klein
kommen
können
der Kopf
der Körper
krank

L l

das Lama
die Lampe
laufen
laut
leben
legen
leicht
leise
lernen
lesen
die Leute
das Lexikon
das Licht
lieben
liegen
lila
die Limo
die Liste
der Löffel
das Los
der Löwe

M m

machen
das Mädchen
der Mai
mal
malen
die Mama
der Mann
die Maus, die Mäuse
die Minute
der Mist
mit
der Monat
der Mond
der Mund
müssen
die Mutter

N n

nach
die Nacht
die Nadel
der Name
die Nase
der Nebel
nein
neu
neun
nicht
die Nudel
nun

O o

oder
oft
das Ohr
das Öl
die Oma
der Onkel
der Opa

P p

das Paket
der Papa
der Partner
das Pferd
die Pflanze
der Pinsel
der Platz
die Puppe

Qu qu

das Quadrat
quaken
die Qualle
der Quatsch
die Quelle

R r

der Rabe
das Rätsel

die Raupe
rechnen
reden
der Regen
reisen
der Ring
der Rock
rollen
rot
der Rücken
rufen
die Rutsche

S s

der Saft
sagen
die Salami
der Salat
das Salz
der Sand
der Satz, die Sätze
die Schaukel
scheinen
die Schere
schlafen
schneiden
schon
schön
der Schrank
schreiben
der Schuh
die Schule
schwarz
die Schwester
sehen
die Seife
sie
sieben
sind
singen
sitzen
so
der Sohn
sollen
der Sommer
die Sonne
sparen
der Spaß
der Spiegel
spielen
der Sport
sprechen
stehen
der Stein
der Stern
der Stift
die Straße
die Stunde
suchen

T t

der Tag
das Tal
die Tante
die Tasche
die Taste
das Taxi
der Teddy
der Tee
das Telefon
das Tier
der Tisch
die Tomate
trinken
tun
turnen

U u

üben
über
die Uhr
um
und

V v

die Vase
der Vater
viel
vier
der Vogel
vom
von
vor

W w

der Wal
warten
was
das Wasser
der Wecker
der Weg
weil
weiß
weit
weiter
wer
die Wiese
der Wind
der Winter
wir
wo
die Woche
der Wolf
die Wolke
wollen
das Wort
wünschen
der Wurm
die Wurzel

Z z

die Zahl
zählen
der Zahn
zehn
zeigen
die Zeit
das Zelt
die Zitrone
der Zucker
zwei
zwölf